검지에 핀 꽃

검지에 핀 꽃

조혜영 시집

삶이 보이는 창

■ 책머리에

  고등학교 졸업하고 사회에 첫발을 내디딘 것이 주안 5공단에 있는 봉제공장 이었다.
  공장에서 쪽가위로 실밥을 따며, 철야를 끝내고 첫 새벽 공단의 불빛을 보며 썼던 일기 같은 시들이 나의 눈물이고 때론 구호였는데 어디에다 떨궈버린 걸까.
  나이 마흔에 놓아버린 끈을 다시 부여잡으려는 욕망이 새삼스레 생긴다.
  이 뒤죽박죽 엉킨 삶 속에서 시는 유일한 불빛이다. 내가 그 불빛을 쫓아 날아드는 수많은 불나비 중의 하나이면 어떠랴.
  부모님이 계시기에 내 몸이 존재할 수 있듯 인천노동자문학회와 전국노동자문학연대는 나의 몸을 지탱해주는 유일한 창고다. 그 속에서 꿈틀대는 많은 동지들은 얼마나 실한 알곡들인가. 그들과 더불어 또 몇 년 간다. 밀려가도 좋고 끌려가도 좋고.

2004년 11월
조혜영

■글차례

책머리에 · 5

1부

검지에 핀 꽃 · 12
매미 · 13
습관 · 14
언덕 위의 그 방 · 15
5공단을 지나며 · 17
문선대 · 18
마구잡이 인생은 · 19
흔적 · 21
단잠 · 23
거미줄 · 24
언니의 목단꽃 · 26
발냄새—병렬이1 · 28
해후—병렬이2 · 30
포물선—병렬이 · 32
담배 · 34

35 · 편견―노동시
37 · 때론 진부한 것이 아름다울 때가 있다

2부

40 · 개미
41 · 풍경
43 · 배낭
45 · 변형근로 변형부부
47 · 산재의 추억
48 · 공공근로1
50 · 공공근로2
52 · 공공근로3
53 · 산
54 · 춘천댐
56 · 개구리
57 · 송림동 사람들1―개똥
58 · 송림동 사람들2―빨래
60 · 이사

2학년 민대기 · 62
내 나이 마흔에 · 63
이불 냄새 · 64
봉례아줌마 · 66
뜨개질 · 67

3부

뜬모를 하다가 · 70
검불을 태운다 · 71
깍두기를 썰며 · 73
요강 위에 앉아 · 74
친정집 · 75
물레방앗간 · 76
어떤 명예회복 · 77
애수의 소야곡 · 80
이팝꽃 · 82
키질 · 83
울산 시작은어머니 · 84

86 · 증후군
88 · 사랑
90 · 사십구재
91 · 그때
92 · 명월리 웅기1
94 · 명월리 웅기2—여름휴가
96 · 명월리 웅기4—설날
97 · 명월리 웅기5

99 · **발문** 화장끼 없는 청명한 詩 —**정세훈(시인)**

1부

검지에 핀 꽃

감자 썰다 검지에서 피 뚝 떨어진다
아리다

한 시절 아리게 산 적 있었지
하얀 광목천에
검지를 갈라 노동해방을 쓰고
한번은 검지를 깊게 베어
원직복직을 외치며 혈서를 썼는데,

지금 그 검지에서
붉은 피 뚝뚝 떨어진다
하염없이 피가 흐르고
도마를 타고 싱크대로 흘러가는데
옹이 박힌 손끝에서 꽃망울 터진다

나는 지금 무어라 쓰고 싶다
한번 꽃처럼 붉게 피어
가슴 깊은 상처를 다시 남기고 싶다

매미

젖먹이 새끼 지 할미한테 보채는가
매미야
새벽부터 자지러지게 울지마라

돈벌러 가는 출근길
발걸음 휘청인다

이놈의 매미야
제발 뚝 그쳐라

종일 애울음 소리 들어야 하느냐
진종일 빈 젖가슴 쥐 뜯어야 하느냐

습관

디스크가 다시 재발하면
큰일이야
운동을 끊임없이 해주는 것이
돈버는 것이라는 남편 말에
퇴근길 지친 몸 다잡고
러닝머신 위에서 뛴다

저녁 찬거리와 밀린 빨래도 뛰고
세월 따라 자주 흔들리는 신념도
떠나가 버린 숱한 얼굴들도
나와 함께 뛰는데
땀에 흠뻑 젖은 내 눈가에서
아련히 그날이 같이 뛸 게 뭐람?

여의도로 여의도로 달리던
수많은 시위대의 발소리
나도 모르게 발맞추어
질서, 질서, 질서, 질서, 질서, 질서…

세게 쥔 두 주먹엔
땀이 흥건하다

언덕 위의 그 방

언덕 위의 그 방 사글세방
정거장 가는 길 여전히 가파르다
송림 4동 철탑 밑의 작은 내 방
동화책만한 창문에서 새어나오는
침침한 형광등 빛
마른 장작 같은 나무대문
15년 만에 찾아와
나를 만난다

야근하고 돌아와 라면 끓이던 곳
번개탄으로 불붙이면 새벽녘에야
언 몸 달래주던 그 방
숨죽여 노동법과 역사를 토론하던 방
선배의 눈빛에 마음 주다
반성문 쓰며 울었던 방
노조를 만들던 날
동료들과 부둥켜안은 방
스무 살 더듬이가 유난히 빛을 내며
숨고르기 벅찼던 그 곳

구멍가게 앞 막걸리 좌판도
철물집 할아버지도 모두 여전한데
사글셋방만 남겨놓고
나만 멀리 떠났구나

5공단을 지나며

```
┌─────────────────┐
│    사원모집     │
│                 │
│  미싱사:   0명  │
│  견습공:  00명  │
│  재단사:   0명  │
│  아이롱사: 0명  │
└─────────────────┘
```

내 인생은 만년 견습공
미싱사의 꿈도 젊음도
안개 속에 가물거리고
스팀다리미처럼 가슴만
달아 오른다

문선대

오랜만에 아기를 업고
인천노동문화제 행사장에 가서
10여 년 전의 낯선 주먹을 본다

하늘을 찌르면 땅이 소스라치는
네 박자 문선대 춤사위
깃발을 가르며 다시 솟구치는
저 몸짓들
저마다 변화를 부르짖는데
변하지 않은 화려한 머리띠

가슴 한 켠에 낀
묵은 때가 먼지 되어 날아간다
미끼에 물린 물고기처럼 나는
순간순간 파닥거린다

하늘 향해 피어났다 사뿐히 내리꽂는
저 화려한 주먹송이들
변하지 않아도 아름다운 것이
얼마나 많으냐

마구잡이 인생은

마구잡이 인생은
마구잡이 인생끼리 살아야
피 솟고 땀 흘릴 줄 아는 것을
휴식시간 공장 담벼락에 매달려
기를 쓰고 받아먹는
아이스크림 하나에서
그 힘을 느낀다

마구잡이 인생은
마구잡이 인생끼리 부대껴야
팔 굵어지고 손마디 거칠어지는 것을
긴장하며 기다린 점심시간 종소리
미친 듯이 달려가
시래기국 식판을 맨 먼저 움켜쥐는
그 허기에서 느낀다

마구잡이 인생은
마구잡이 인생끼리 뭉쳐야
퍽퍽한 시대의 상처를 뛰어넘을 수 있는 것을
치사하게 공갈협박 이러 저리 둘러대는

사장실을 점거하여
몇 십만 원 양주병에
신나 붓고 불을 그어대던
이글거리는 그 눈빛에서 느낀다

흔적

요즘 세상에
결핵이 무슨 병이냐고
보건소에 가 약이나 갖다 먹으라는데
나는 그 결핵에 걸렸습니다

일 년을 넘게 해고 싸움 할 적엔
라면과 맹물로만 뱃속을 달래도 지치지 않던 내가
한겨울 추위에도 연탄 백 장이면 겨울을 났던 내가
감기 한 번 앓지 않고 결근은커녕 지각도 드물었던
내가
구사대 폭력으로 뇌출혈에 어깨뼈가 부러지고
석 달을 깁스한 채 누워 있어도 거뜬하던 내가
결혼을 하고 공장으로 식당으로 백화점 일용직으로
팔팔하게 몸뚱이 움직여 집 한 칸 장만하고
아이도 낳고 쪼들려도 행복해 하던 내가
결핵이라니 수술이라니

병원비 수술비에 빚은 쌓이고
다시 공장에라도 나가봐야 할텐데
약값이라도 벌어야 할텐데

탁아방도 기웃거리다
벼룩신문도 알림방도 빼놓지 않고 뒤적이지만
별 뾰족한 수가 없어
최소한 약이라도 거르지 않고
병원에도 꼬박꼬박 가고
가끔씩 과감하게 쇠고기 국도 끓여 먹으며
친목회 날엔 기분 좋게 무용담에 취해도 보면서
김 사장 그 새끼 욕도 하면서
4공단의 8월을 생각해 보기도 하지만
지금은 별 뾰족한 수가 없어

한창 나이 배곯고 매 맞아 골병들었다고
노존가 뭔가가 신세 망쳤다고
새끼 생각하고 맘 다부지게 먹으라며
고쟁이 돈 삼만 원 쥐어주시는 어머니
어머니 그 말씀이 맞는 것도 같은데

지금은 별 뾰족한 수가 없네

단잠

가리봉오거리에 있는 구로노동자문학회에서
대표자회의를 끝내고
새벽 첫차 타고 오는데
놓친 밤잠이 한없이 몰려 온다
꿈도 없이 한 숨 자다 깨니 집 앞이다
무엇을 얻었나 피곤한 밤에

아직도 밤새워 회의하는 조직이 있어?
문학회가 글은 뒷전이고
매일 회의다 사업이다 매달리니 발전이 없지
어디 그래 가지고 문단에서 알아 주기나 한대?
그것도 시대에 뒤떨어진 노동자 문학을?
얼마 전 한 선배가 술김에 한 말이
불현듯 떠올랐지만
찬바람에 오줌 털 듯 진저리치며
다시 집으로 간다

남편이 아침밥은 지어놓았을까?
새벽 찬 바람이 등을 떠민다

거미줄

백혈병으로 무균실에 누워 있다는
털보 부천노협 한경석 전 의장
후원회 자리에 갔다 늦게 온 밤
천장에 매달린 거미줄 유난히 많다

묵정밭 같다

병석에서 보냈다는 메시지를
신혼인 아내가 울먹이며 전하고
돌 지난 아들 옹알이 소리
가슴에 걸려 속 쓰리다

'이 털보는 꼭 살아서 동지들 곁으로 돌아가겠습니다'
때론 절망하고 때론 후퇴하며 아파한 그의 삶이
겹먼지 가득한 거미줄은 아닐까

경석이와 10여 년 같이
공장생활 노조활동 한 남편
고추장에 밥 비며먹기 싫어
87년 파업을 했던 바보들

마흔 줄을 훨씬 넘긴 남편의 눈가에
진한 한숨이 박히고
오랜 세월 엮어진 먼지 낀
묵은 거미줄을 걷어낸다

술잔엔 먼지가 뽀얗다

언니의 목단꽃

청계천 8가 빽빽했던 자수공장
열 다섯에 배운 동양자수
작업장이 기숙사고 기숙사가 공장이어서
앉은뱅이 10년을 갈고 닦은 바느질
시집올 때 자랑처럼 간직해 온
목단꽃 동양자수 액자 하나

피어나고 싶어요
활짝 피고 싶어요
두 눈은 돋보기 따라 피곤하고
손마디 마디 옹이 박혀
생채기 투성이었을 언니는
얼마나 많은 날들을 꽃봉오리처럼
피어나고 싶었을까

지금은 액자 하나 벽에 걸려
부적처럼 언니의 세월을
조용히 지켜주고
작은 새 한 마리 퍼드득 날아갈 듯
열다섯 언니 꿈도 날고 있다

수놓는 모습 다시 보고 싶다 했더니
이제는 눈이 안 보여 소용없다며
액자만 하염없이 만지작거리는
액자 속 빨간 목단꽃

발 냄새
—병렬이1

그 녀석
스무 살 적 발 냄새가 아직도 나네
퇴근길에 배고파 들렀다며
찬밥도 마다 않고
따슨밥 먹듯 하네

그 녀석
스무 살 적 자취방에 모여 앉으면
가두에서 공장에서 묻어온
그 많던 냄새들
지금은 없네

그 녀석이
스무 살 적 발 냄새를
우리 집에 놓고 갔네
공장에서 묻어온 젖내 같은 끈적거림이
군데군데 박혀 있네

발 냄새를 잃어버린
내 발에 묻어서

땀 흘리며 살라하네
향기 나게 살라하네

해후
— 병렬이 2

서른세 살 병렬이를 초상집에서 만났네
아직 공장에서 기계와 나무를 만지며 산다고
공장생활 10년 되니 일당이 2만 원이라며
큰 입 가리지도 않고 웃네
건설회사 과장이 된 한 선배는
잔업하고 야근하면 월급이 백만 원은 넘겠다며
가슴 아픈 농담을 하고
햇빛도 없는 작업장에서 일하면
얼굴이 하얗게 떠야지 왜 그리 까마냐고
공무원이 된 선배는 연신 고개를 갸우뚱거리고
작은 철물점을 차린 선배는
그 월급으로 결혼하여 애 낳고
부모님 모시며 살아갈 수 있냐고
자기 일처럼 얘기하네

누군가 노조활동은 잘하냐고 묻자
지친 그의 눈이 빛나네
현장 소식을 분노와 무용담까지 섞어
민망한 우리를 감동시키더니
공장생활 10년에 골병들었는지

따라주는 술도 못마시네
보약이라도 한 첩 지어 먹어야겠다는 말에
계면쩍게 웃는 병렬이를
오랜만에 초상집에서 만났네

포물선
―병렬이3

한때 노동운동을 하다가
한때 학생운동의 기수이다가
한때 혁명전선에서 목숨을 아끼지 않다가

지금 어디서 다 무얼 할까

누구는 정계에 진출해 꿈을 펼치고
누구는 지자체에 출마해 시의원 되고
누구는 벤처하고 누구는 판사 되고
하다못해 대학시간강사나 고액과외 선생이라도 하는데
누구는 민주화유공자로 인정되어
젊은날 청춘시절 무용담 섞어 큰소리라도 쳐보는데

너는 뭐냐!

애면글면
제조업노동자로
정리해고에 쫓겨나고 실업에 배곯고

거리를 헤매는구나
스피아 택시 기사하며
남는 시간 복직투쟁하고 법원에 들락이고
현장사람들 만나 조직하고

무슨 힘으로
여기까지 달려온 거냐!

충혈된 눈이
부쩍 여위었구나

담배

정형외과 진료실 앞
사내는 금연표지 밑에서
담배를 연신 빨아대고
때 묻은 작업화 나를 올려다본다
보호자도 없는지
움켜 쥔 손가락에서
핏물이 뚜욱 떨어진다
지친 눈동자엔 눈물이 파르라한데
왼쪽 어깻죽지에 붙은
안전제일 표찰은 말이 없다
아무도 그의 곁에 다가서지 못하고
곁눈질로 시름을 훔쳐보는데
넉 달째 산재로 허리가 불편한 나는
토해내는 담배연기 쳐다보다
가슴에 요동치는 실핏줄이 흔들려
마른 기침만 삼킨다

편견
―노동시

노동과 시를 바라보는 눈에도
질적인 차이가 있는 게야
노동현장에서 일하며 줄곧
시를 써온 한 시인에게
유명한 평론가에 교수는
일하면서 시 쓰기는
좀처럼 쉬운 일이 아니라며
시 쓰는 일과 노동자의 삶은
좀처럼 어울리지 않는다고 감탄 연발이다

여전히 노동하며
시 쓰기를 계속하고 있는 시인에게
평론가에 교수는
이 시대의 진정한 노동자 시인이라고
칭찬이 아깝지 않은데
노동하며 밥 먹고
노동하며 연애하고
노동하며 새끼 낳고
노동하며 노래 부르고
노동하며 시 쓰는 게 뭐 대수냐 싶은데

노동을 모르고 시를 쓰고
노동도 없이 먹고 싸는 부류가 너무 많아
노동하며 시 쓰는 아주 평범한 시인은
시집 한 권으로 평론가 교수를
감동시키고 있구나

노동하며 시를 쓴다는 이유 하나로

때론 진부한 것이 아름다울 때가 있다

낯익은 작업복의 사내가
서명용지 들이대며
퇴근길 내 팔을 당긴다

대여섯의 손끝에서 떠난
구호 소리에 놀라
콘크리트 바닥
잠시 흔들린다

4월 부평 그곳은
아직 계엄상황이라는데
한번도 그곳을 가보지 못한 나는
GM매각 반대 서명용지에
이름을 적고 주소를 적는다

한참을 망설이다
입 속에서 맴돌던
철 지난 유행가요 한마디 적는다

폭력정권 퇴진!
힘주어 느낌표를 찍는다

2부

개미

비온 뒤
콘크리트 바닥에서
산 지렁이를 끌어당기는
한 무더기 개미떼 부산하다
한 치 옮기는데 햇살이 기울고
서로 가야 할 길도 묻지 않고
몸으로만 몸으로만 뜨겁게 움직인다
앞도 뒤도 없는 혼란 속에서
바지런히 당기는 힘이
우렁차다

한 마리의 거대한 쇠불가사리 되어
돌을 넘고 검불을 헤치고
경계를 넘는다

하루의 긴 노동이 지렁이 한 마리다

멈추지 않는다
밥을 위해

풍경

장항선 기차 안에서
진한 남색의 투쟁조끼 입은
젊은 역무원의 등을 본다
국민철도 사수
민영화 저지

기차는 속력을 내며 달리고
젊은 연인은 귓불을 만지며 속삭이고
입석의 할머니는 보따리에 앉아
꾸벅 존다
아이는 연신 게임기를 누르고
여기 저기 핸드폰 울리고
낄낄거리고
홍익회 아저씨 호두과자 사라 외치는데

코를 골며 잠든 기차를
잠시 상상해 본다
깨워도 움직이지 않는
일렬횡대로 멈춰서 노래하는
굵은 어깨를 맞댄 기관차들을 그려본다

밖은 눈발 날리는
추운 겨울이구나

배낭

3일간의 파업을 끝내고 돌아온
남편의 파업배낭을 푼다
침낭에 붙어있는 누런 잔디와 검부러기 사이로
숨 가빴던 새벽의 찬 공기와
헬기에서 뿌린 철도청장의 삐라가 들어 있다

가쁜 숨 몰아쉬며
허공을 내젓는 남편의 손짓은
꿈속에서도 그놈의 구호를 외치나 보다
시민의 발을 묶어놓고 밥그릇 싸움 한다며
배부른 놈들이 더한다고
실업자는 열 받아 못살겠다는
어떤 시민의 묶인 발을 생각하며
나는 파업배낭을 푼다

직권조인, 파업철회, 현장복귀명령
울분을 뒤로하고 철수하는 대열을 따라
심하게 흔들렸을 파업배낭
52년 어용 철도노조 사상 첫 총파업을 수행했다는
승리감 하나로 현장에 복귀하던 날

스스로 무거운 짐이 되었을 파업배낭
그 짐을 하나 하나 푼다

여차하면 다시 배낭을 꾸려야 한다며
철도는 이제 시작이라던 남편 말이
사실이 아니더라도
아무래도 민영화 철회를 위해선
파업배낭을 너무 일찍 풀었구나 내가

이제 시작이라는데 시민의 발을 다시 묶어서
그 묶인 발들의 쇠밧줄을 풀어줄
그날을 다시 기다리는
지금은 야윈 파업배낭

변형근로 변형부부

새벽 4시에 출근하는 남편
10년 넘도록 밥상 한 번 차려주지 못했어
정신없이 출근했다 퇴근해 집에 오면
야근하고 새벽 퇴근한 남편이
이불 개고 청소하고 밀린 빨래도 하고
더러는 저녁밥상까지 차려주지
모처럼 온 식구가 밥을 먹는 날
사랑 받으려면 마무리를 잘해야 한다며
설거지까지 하는 남편에게
나는 맞벌이하는 여자들의 시시콜콜한 불평이나
정신없이 늘어놓다가
이불 속에서 별을 따는
우리는 정신없는 맞벌이

철도의 변형근로가 우리한테는 안성맞춤이야
식당일이 노가다인데 밥하는 일 정말 지겹겠다
노조 일에 며칠 얼굴 보기 힘들다고
요리 조리 쳐다보고 자꾸 쓰다듬고
파업하면 집안일에 신경 못 쓸 거라며
문풍지도 붙이고 보일러도 점검하고

그래서 나는 국수도 말고 요리도 해서
오랜만에 늦은 밤까지 술 한잔 했는데
철도가 파업해 승리하면 내 손에 장을 지지겠다고
하려면 확실하게 하라고 큰소리치기는 쳤는데
남편의 코 고는 소리가 심상치 않다

새해에는 시댁에 맡긴 작은 아들도 데려와야 하고
시아버지 칠순인데 금강산 관광 보내드린다고 했었지
부모님 약값은 해마다 하나씩 더 늘고
전세계약은 끝나가고
큰 녀석 생각하면 이제 적금도 하나 들어야 할텐데
노조 일 반대하지 않아 고맙다며
해고 돼도 이해할 수 있겠냐는 남편 말에
까짓 것 내가 벌어먹고 살면 되지 그러긴 했는데
첫새벽 출근 때문에 일찍 잠든 남편 곁을 나와
술 몇 잔 더 마셔도
취하지 않고

산재의 추억

양말을 갈아 신다가
5년 전 급식소에서
끓는 물에 덴 발등이
답답한 지 새눈으로 날 본다

비명도 아픔도
깊은 짜릿함도 노오랗던 세상도
다 어디로 간 걸까

세월 따라 무거워지는 뒷굽과
더 이상 진화하지 못하는 가슴 속에 파고들어와
절름발이의 춤사위 오래토록 머물게 하더니

끓는 물이 발등에 쏟아지던 순간
은빛으로 팔딱대며
낮은 데로 흐르고 싶었던
그 맘을 새기며
발등을 아프게 문질러 본다

공공근로1

공공기관에 와서 공공근로를 하면
공공연하게 비웃음 받을 수 있지

할머니는 너무 늙었어
노인네들은 집에 가서 애나 보지
젊은애가 아직 워드도 할 줄 모르고
재주가 없으면 이쁘기나 할 것이지
차 심부름이나 시켜야지 뭐

공공근로 주제에 핸드폰을 가지고 다니네
사내자식이 대학까지 나와 가지고
에—라이 돈이 아깝다
공무원 월급 깎더니
필요도 없는 공공근로 보내서 골칫거리야
뭐 시켜먹을 일이 있어야지

사무실에 앉아 있으면
이 사람이 힐끗 저 사람이 힐끗
휴게실에 앉아 있으면 이 눈치 저 눈치
놀고먹는 공공근로 할 일 없는 공공근로

공공근로는 좋겠다며 쑥덕거리고

공공기관에 와서 공공근로를 하면
공공연하게 비웃음만 받다
공공근로 끝나지

공공근로2

김씨는 긴 장대 끝에
나일론 빗자루를 매달아
초가을부터 낙엽 털고 낙엽 쓸어
가을을 태우면서 그의 노동을 채운다

노오란 은행나무 꼭대기에 올라가
은행을 털며 돈 냄새나는 은행을
한 자루 들고 수돗가에 가서
은행을 씻는다

어느 날은 종일 잔디밭에 앉아
잔디를 고르다 잔디밭에 누워 낮잠을 자고
창고 뒤에 앉아 소주를 마시다 들켜
굽실대며 일당을 챙기는 날도 있었다

쉴 새 없이 떨어지는 낙엽과
틈 없이 흩어지며 뒹구는 낙엽이 있어
몸은 고되지만 가을이 고맙다
김씨에게 가을은 길어서 좋다

거리는 늘 낙엽 하나 없는
차가운 겨울이다

공공근로3

공공기관의 직원들은
그들의 자질구레한 업무를 하나 둘
공공근로에게 공공근로로 시킨다
커피 타기, 해묵은 서류정리, 지하실 쓰레기 분리
국장님 담배심부름이 시간을 채워간다

공공기관의 직원들은
공공근로가 없으면
하루 종일 허둥대고 몸도 따라 바쁘고
공공근로를 기다리며 손부터 마비되어 간다
공공근로를 파견하지 않을 때는 정부를 탓하고
무능한 정부 탓하며 시간을 보낸다

치사한 꼴 다 겪으며 머슴처럼 일하다
3개월 지나면 철새 되어 사라지고
분기별로 어디론가 다시 팔려간다
IMF가 아직은 끝나지 않아 안심인
공공기관의 직원들

그들은 오늘도 空空勤勞한다

산

내려갈 일을 걱정하며
산을 오르는 사람은
저 산꼭대기에 무엇이 있는지 모른다

산위로 산위로만 오르는 사람은
꼭대기에 다다르면
허전함을 느끼고

올라가지도 내려가지도 못하고
산중턱에서 헤매는 사람은
삶이 고달픈 사람으로
구름 걷힐 날 없다

그들이 나다

춘천댐

큰집에 가다 보면
등 푸른 북한강이 거칠게 따라 오지요

아버님 말씀인 즉
5·16군사혁명 직후
국토 건설단이 만들어져
리어카로 댐 건설을 했다지요

병역 기피자 부랑아들
모조리 잡아다 댐 부역 시켰다지요
강제 노역에 노임 한푼 없이
북한강 거센 물줄기 막았다지요

춘천댐을 건널 때면
이끼 낀 군사혁명과
이름도 찬란한 국토 건설단이 보이지요
강 밑 깊숙한 곳에서
첨벙대는 통곡소리 들리지요

오늘도 북한강 가에서는

몸 푸는 낚시꾼들 자갈처럼 흩어져
빙어 떼 찾아 낚싯대 드리우지만
국토 건설단은 흔적 없지요
소양강 따라 호반의 도시로
흘러 흘러 눈물로 사라져 버리고
빙어떼만 소리 없이 자맥질하지요

개구리

콩 볶는 소리

난데없는 우박에
배춧잎 찢어지는 소리

새 쫓다 허기진 냄비소리

멈춘 기계 시동 걸리는 소리

그 광장에 휘날리던
유인물 소리

송림동 사람들1
―개똥

아침이 되면 골목마다
여기저기 개똥이 수북이 쌓이고
가파른 계단을 거꾸로 내려가는
할머니 지팡이 심하게 쿨럭댄다

나른한 오후
건빵처럼 마른 개똥을 차며
가방 열린 아이들
골목마다 시끄럽다

짧은 반바지에
허벅지가 굵은 노랑머리 아가씨
개똥 피해 급히 골목을 빠져 나간다

송림동 사람들 2
―빨래

하늘과 맞닿은 옥상에
거미줄처럼 얽혀 있는
전깃줄 안테나줄 빨랫줄
그 사이로
집집마다 빨래 펄럭댄다

색 바랜 청바지 얼룩무늬 젊은 팬티
곱게 펴진 푸른 작업복
물기 머금은 베갯잇까지

저녁 어스름
할머니가 옥상에서
빨래를 걷는다
당신의 하얀 속곳을 걷고
허리를 펴며 하늘을 본다

장독도 여며주고
스티로폴 상자 가득
푸성귀도 토닥이다
할아버지 해묵은 기침소리에

녹슨 철계단 꿍얼대며 내려간다

저녁 어스름
꼴지게 지고 논둑길 걸어오시던
흰 고무신
친정아버지 평안하실까

이사

12년 전
신혼여행 길
욕조 딸린 여관방에서
뜨뜻한 물에 목간하고
12년 만에
욕조가 있는 집으로 이사와
목욕을 한다

시멘트 부엌 한 쪽에 쪼그리고 앉아
한여름 공장에서 묻어온 먼지를 털어내고
연탄 아궁이나 석유 곤로에 물을 데워
봉제공장 피곤을 달래곤 했었지

삼파장 형광등 밑
새벽안개처럼 김 뿌연 욕조에 누워
황송한 목간을 한다
아이 둘 낳은 수술 자국과
결핵으로 큰길 난 수술 흔적이
물에 불어 흔들리고
산밭 고랑처럼 패인 뱃살은

아무 말 없이 웃는다

아파트로 이사와
12년 만에
뜨뜻한 욕조에 누워
잠시 세월의 고단함을 달래본다

2학년 민대기

할머니와 화평동 냉면골목 뒤편
교회 밑에 사는 대기는
수시로 급식실을 드나듭니다
물이 먹고 싶다며

하루에도 몇 차례씩 급식실을
두리번거립니다
물이 먹고 싶다며

할머니가 앓아누우셨는지
물을 마시고 힘없이 돌아서는
대기한테서 오늘은
밴댕이 젓갈 냄새가 납니다

내 나이 마흔에

외출에서 돌아와 옷을 벗으며
이 옷이 허물이면 좋겠지 싶다
한겹 한겹 쌓인 더께가
내가 살아온 부끄러움이라는 걸 알면서도
속살까지 모두 벗겨서
알맹이도 없는 나를 벗겨버리고 싶다
수많은 일들을 한꺼번에 청산하고
한꺼번에 받아들이고 한꺼번에 무너졌다는
자책감마저도 벗어버리고
어디 작은 불씨처럼 남아있을지도 모를
열정 하나 사리처럼 찾아
온 정성 다해
다시 나의 새 옷을 지어입고 싶다

이불 냄새

묵은해를 떨쳐버리지 못하고
거꾸로 돌아가는 세월이 노여울 때
나는 수덕사에 가곤 한다

수덕여관에 들러
두고 온 것들에 마음 쓰일 때
저녁예불 소리가
피어나는 한숨까지 달래준다

잘 구워진 아랫목에 누우면
뻘기처럼 피어난 곰팡이털이
웅숭거린 몸 구석구석 파고든다

누군가 묻히고 간 발 냄새
땀 냄새 담배 내 묻은 이불이
가슴을 자꾸 문지른다

오늘은 시름 한 가락 못 달래고
먼 산자락만 쳐다보다 떠났을
추억 묻은 이불을 골라 덮는다

포크레인 소리 잠시 멎은 수덕사에서
비워도 비워지지 않는 철지난 흔적을
나도 꽃이불에 지려놓고 가고 싶다

잠은 멀기만 하다

봉례 아줌마

고등학교 졸업하고
봉제공장 시다로 일할 적
내 옆 자리 쪽가위로 실밥을 따내던 봉례 아줌마
십정동 고갯길 마을버스 정거장 앞에서 만났네

동네 할머니 되어 부채질 하며 어디를 가시나요
그적도 눈이 어두워 손이 더디다고
반장한테 야단 많이 맞고 웃으시더니
막내는 대학 졸업하고 무얼 하나요

더디 오던 마을버스는 몇 대나 지나쳐 버리고
나 혼자 설레다 얼굴 붉히다
지나쳐 간 봉례 아줌마

뜨개질

도대체 얼마만의 시작인가
까마득도 해라
누구를 위한 시작일까
팽개치듯 잃어버렸던
그 고된 뜨개질
한가한 여자들이
파적 삼아 하는 일쯤으로 치부했지
지루하고 끈기를 필요로 하는 이것은
땀보다 진한 인내인 것을
한 코 한 코 엮지 않고는
도저히 옷이 될 수 없는
부풀리거나 성급하면 제자리로 돌아가
다시 시작해야 하는
아주 원칙적인 것
한 단이라도 건너뛰거나 무시해 버리면
영락없이 다른 길로 치달아
영 딴판이 되는 것을

지금 난 아기 옷을 뜨고 있지만
결국 나를 위한 나의 삶

그 밑바닥 법칙을
찾는 일인 것을

3부

뜬모를 하다가

산그늘 짙게 깔린
모내기 끝난 논에서
뜬모를 하다가
땅에 붙박이지 못하고
물 위에서 썩어가는 모를 본다

척박한 땅에 태어나
하루 하루 사는 우리 모습이 저럴까
그들의 허기진 가슴을 떠올리며
엉덩이에 힘을 실어
한 포기 한 포기 모를 꽂는다
이 공장 저 공장 떠돌다
흔적도 없이 떠나가던 숱한
뜬모들과 그들의 밥을 생각하며
휘청거리는 몸을 꽂는다

아픈 허리 잠시 펴고
뜬모처럼 정처 없이 떠도는 내가
붙박여 살다가야 할 곳은 어디일까
손톱 밑 아리게
꾹꾹 눌러 뜬모를 심는다

검불을 태운다

가을걷이 다 끝난 빈 밭자락
빈 콩깍지 검불들을 그러모아 불태운다

알맹이 하나 없는 검불들이
한데 어우러져 불기둥을 세우고
바람에 불씨를 날린다

가끔은 모든 짐 벗어 던지고
껍질로 낙엽으로 뒹굴다
불꽃처럼 피었다 소리 없이 타―닥
사라지고 싶을 때가 있었지

갈퀴질 잠시 멈추고
무덤가에 앉아
나도 태우고 싶다
철지난 내 넋도 태우고
빈 주먹 빈 가슴 빈 눈동자
모두 그러모아
따뜻한 화톳불 한 번
성난 불기둥 하나 세우고 싶다

태워서 재가 되고 거름되고
다시 피어오를 봄을 생각하며
무덤가 작은 밭고랑에서
검불을 태운다

깍두기를 썰며

깍두기를 썰다가
오랜 세월 찬바람 든 엄마의 뼛속을 본다
한껏 봄기운 맛보려
달래도 넣고 쪽파도 넣으려는데
속살을 뚫고 피어난
노오란 싹이
어릴 적 집 나서던 내 모습 같다

파랗게 물올랐던 무청은 흙빛으로
엄마의 침침한 눈을 닮았구나
칠순을 바라보는 친정엄마의
다리 속이 저럴까
바람 든 무를 베어 물다
칼질을 멈춘다

내 깍둑질에
엄마의 뼛속이 시릴 것만 같다

요강 위에 앉아

아버지 생신 전날
마루 구석 요강 위에 앉으니
미루나무 사이로 쏟아지는 별
부뚜막 고양이 코 고는 소리 들리네

어금니에 밀려오는 하품
한 가닥 쫓아내니 끊어질 듯
이어지는 개구리 소리 들리네

직행 버스에 절은 멀미는
요강 속으로 쏟아지고
별도 쏟아지고 세월도 쏟아지고

잠 못 드는 아버지
못자리 쟁기질에 관절염 도지시는가
뼈마디 마디 고이는 도랑물 소리
긴 밤 뒤척이는 아버지 신음 따라

갈갈 논 갈아라 개구리 소리

친정집

엄마는 요즘
부쩍 이런 말을 하시지
에미 살아 있을 적에 자주 친정 오라고
얼굴에 검버섯 굵게 늘어가듯
그 잔소리 바람처럼 들리더니
한 해가 갈수록 그 소리 잦네

논이 밭이 되고 밭이 산이 되어
잡초 무성히 기우는 집터라도
에미 없으면 이 집에 누가 발길을 하랴고
에미 없으면 고추장 된장은 누가 챙겨주냐고
어쩌다 한번 고향에 내려가면
그 잔소리 귀 아프게 듣지

혈압도 높고 숨소리도 거칠어지는
엄마의 밤이 꿈처럼 밀려와
이제는 정말
엄마 살아계실 적에나 갈 수 있는
고향집
친정집

물레방앗간

툇골 큰집 가는 길
물레방앗간 자리 지나는데
나도 모르게 얼굴 붉어집니다

찬이슬 맞고 첫새벽에
소리 죽여 싸리문 열던
그 처녀는 어디 있을까

아랫목 지고 풍져 누우신
큰할아버지 얼굴은 편안한데
내 얼굴은 자꾸 뜨거워
물레방앗간을 서성거립니다

물레방앗간 지나 집으로 오는 길
큰할머니 속눈썹이
앞산에 걸려 있습니다

어떤 명예회복

일천구백이십팔년생인 아버지가
이천년에 들어서야 국가유공자가 되었습니다

가을에 결혼하고 섣달에 군대 가
제대하던 해 육이오가 터져
삼년을 더 목숨 건 전쟁터에서 사셨다지요
강원도 화천 화악산 자락에서 총상을 입고
상이군인이 되어 고향으로 돌아오셨다지요
총소리에 고막이 터지고
다리에 박힌 파편조각에 살이 말라 들어가도
남은 것은 미군 숟가락 하나
벽에 매달린 수통이 전부이니
평생을 전쟁의 상처로 살아오신 것에 비하면
너무 초라합니다

공화국이 바뀔 때마다 선거철이 돌아올 때마다
유공자 우대 소리 요란해도 아버지는
다 소용없는 일이라고 체념을 하셨다지요
몇 년 전 위암에 걸려 수술을 받고
작년에는 대장암 수술 받아

죽을 날 얼마 안 남아
마지막으로 육군병원에 가 검사를 받았다지요
하지만 부상 정도가 미약하다고
보훈처 심사에서 떨어지고 말았다지요

모든 것 시국 탓으로 돌리고
이제는 귀도 아예 안 들려
훈장 받자고 군인생활한 것이 아니라며
손사래치시던 아버지
칠순이 훨씬 지나서야 마침내
국가 유공자가 되셨다지요

연금도 매달 이십일만 칠천 원씩 지급된다니
아버지 약값은 되겠어요
어디 부조할 때
콩이나 나락 몇 말 팔지 않아도 되겠어요
아버지 살아계실 동안 돈 걱정 덜게 된 것이
어쩜 처음이 아닌가 싶어요

당신이 왜 총을 맞고 포탄에 쫓겨

산천을 떠돌아야 했는지도 모른 채
평생을 혼자 짊어지고 온
분단의 그 고통 잊고
오래오래 사셔야 할텐데

애수의 소야곡

노래방에 가면 나는 애수의 소야곡을 부른다

어릴 적
면에서 나온 구호품 밀가루로
묽은 수제비국 끓여 먹고
마당 밀짚방석에 누워
외양간 두엄 냄새 맡으며
아버지는 노래를 부르셨지

운다고 옛사랑이 오리오마는
눈물로 달래보는 구슬픈 이 밤
엄마는 울타리 밑에 앉아 풋콩을 까다
아버지의 청승에 눈만 흘기셨지

아버지의 소야곡은 메들리로 이어져
부산항에서 헤어진 여인을 생각하시는지
목이 메인 이별가를 불러야 옳으냐
불러봐도 울어봐도 못 오실 어머님을 찾으시고
두만강아 대동강아 편지 한 장 전할 길이
이다지도 없을쏘냐 구슬픈데

해조곡에서 굳세어라 금순아로 넘어갔지

모깃불은 사위어 가고
차라리 잊으리라 맹세하건만
애타는 숨결마저 싸늘하구나
아버지의 숨소리는 심하게 잠겨오고

노래 부르실 때마다 팔베개 베어 주신 아버지

노래방에 가면 나는 애수의 소야곡을 십팔번으로 부른다

운다고 옛사랑이 오리오마는
간드러지게 목청을 가다듬어도
채워지지 않는 간절함에 목이 메이고
무엇이 사랑이고 청춘이던고
내 가슴은 자꾸 타오른다
나의 소야곡은 아주 조금씩
사랑가가 되고
나의 목울대는 심하게 간드러진다

이팝꽃

지금은 버려진 火田
그 끝자락에 이팝꽃 넘쳐 피었네

저 꽃이 피어야 보리이삭 패이고
보리이삭 패어야 기운 차려
씨앗도 뿌렸다며 어머니는
이팝꽃이 쌀밥으로 보이던 시절을
밭이랑에 뿌리신다

보기만 아름다워서야
꽃이라 할 수 있나
배고픔을 참고 기다리면
꽃보다 좋은 시절이 오지
희망을 주었던 꽃

자갈밭 고르다 먼 산 쳐다보니
연애하다 들킨 이팝꽃
하얗게 發光한다

키질

늦가을 콩밭에서
어머니 거둬들인 콩나락
키질을 하는데
킬킬킬
흰콩이 볶아대듯 달아난다

성한 놈은 성한 놈끼리
깨진 놈은 깨진 놈끼리
못난 놈은 못난 놈끼리
혼돈 속에서 한데 뭉치다
알맹이는 키 안에서 웅크리는데

무지랭이 앞 다투어 경계를 넘는다

울산 시작은어머니

시고조부 상까지 차린 추석 차례상
시작은어머니가 그릇을 헹구며
내내 쉬—이 쉬—이 고기 모는 소리를 낸다
쌀을 씻으면서도 쉬—이 쉬—이 소리를 내더니
구정물 버리면서도 겉절이 버무리면서도
영락없이 고기 모는 목소리로
쉬—이 쉬—이 바람 잡는다
작은 마누라 얻어 딴살림 차린 남편 없는
강원도 큰집에 오셔서
잠시도 쉴 틈 없이 부엌일을 하신다

고된 논 일 끝내고
우물가에서 빨래를 헹구면서
저 소리를 내곤 하셨지
엄마도

엉덩이를 들썩대며 제상 뒷설거지를 하는
시작은어머니
제기를 손질하며
나도 따라 쉬—이 쉬—이 소리를 내본다

이 빠진 큰 시어머니
하얗게 눈 흘기신다

증후군

석 달째 병원에 누워 계신
엄마를 보고 돌아올 적엔
발걸음이 안 떨어져 다시 엄마 곁으로 가서
한번만 일어나 눈을 뜨라고
이 딸 좀 알아봐달라고 소리치고 싶은데
현관문을 따고 집으로 들어서면
이곳이 천국인가 싶게
깊은 잠에 빠져든다

다시 눈을 뜨고 병원에 가려 하면
온몸이 쑤시고 머리도 아프고
빈 속의 위장도 쓰려오고
똥조차 안 나오고
병원으로 가면서도 내내
뒷굽이 무겁고
전철은 너무 빠르게 달리고
스쳐 지나가는 호남선 열차 손님을 부러워하다
병원 문 앞에 도착하면
나도 모르게 부산을 떤다

어제처럼 대답 없는 엄마가
아기천사처럼 누워 있다
노동을 잃은 살결이 너무 뽀얗다

사랑

엄마 앞에서는
늘 웃어야 했다
속의 피울음도 색깔을 바꿔
환한 꽃으로 피어야 했다
엄마가 산소 호흡기를 떼기 전까지는

엄마는
이승에서의 고통을 버리고
저승으로 가는 찰나
웃음을 머금고 생을 거둬들였다

마지막 한 가닥 숨을 몰아쉬며
흰 꽃을 피워 올리던
파리한 저 자식사랑

마지막 항문이 열리고
엄마가 흘리고 간
검붉은 이승의 똥을 보며
아프게 웃었다

슬픔을 미소로 가늠할 수 있는 힘
유언보다 감미롭다

사십구재

비명에 가신 친정아버지 무덤에
친정엄마 합장하여 하관할 때
코피 쏟고 몇 차례 기암하던 큰 언니가
사십구재 산소길에 올라
고사리를 꺾는다

무덤 저쪽 양지에 핀 늦 제비꽃
왜 저리 이쁘당가
만나는 이마다
양부모 줄초상 치렀다며
함께 울어줄 때가 그래도 좋았지
그 슬픔 다 어디로 스며들어
생시처럼 무성하게
꽃만 피었당가

모내기를 하면 늘 티격태격하셨는데
오늘이 그날이당가
뗏장보다 먼저 솟은
反目같은 억새풀
자꾸만 눈을 찌른다

그때

안개비 내리는 저녁 어스름
뒷산 밤나무 꼭대기에서
뻐꾸기 운다

산 벚꽃 지고
상수리 잎사귀 돋으면
어김없이 들리던 산비둘기 소리
뻐꾸기 울고
보리이삭 여물어야
처마 밑 앵두가 익는 줄 알았다

감꽃 떨어지고
밤꽃 피어 그 향기 뒷안에 퍼지고
얼굴에 버짐꽃 피고 져야
감자 캐는 줄 알았다

앵두도 감자도 다 때가 되어야
먹는 줄 알았다
지칠 줄 모르는 기다림은
생살처럼 오래 머무는데
메마른 기다림은 바람도 피해간다

명월리 응기1

어릴 적 울다 떼쓰면
응기한테 시집 보낸다
그 응기가
사창리 15사단 앞 명월 삼거리에서
헌병과 다투고 있습니다

찢어지는 호루라기 소리에
놀라 돌아보니
군용차량 줄줄이
좌회전 우회전 하고
사단장 지프차도 미끄러지듯 사라지고

무색해진 헌병 총각
눈알만 굴리는데
긴 여운 남기고 사라지는
응기의 호루라기 소리

어느 날은 술에 취해
길바닥에 누워 자고
코 흘리며 피우는 맛깔스런 담배

마셔도 성해도 그 모양이니
응기한테 시집간 처자 아직 없어
마흔이 다 된 응기는 총각입니다

고단한지
짚더미 위에 쓰러져 잠든 응기
햇살도 쑥스러운지
입 가린 채 웃고 있습니다

명월리 웅기2
—여름휴가

서울 사는 큰형수네 식구를
사흘 동안 정거장 앞에서 기다리다 지쳤는지
개 같은 년 거짓말한다며 두고 보잔다
넥타이로 허리춤을 맨 골덴바지에서
지린내가 향기롭다

안방 천장에 비가 새 마루에서 잠을 잔다며
아침밥 먹은 이빨 위에 고춧가루 물 오른다
진한 커피 한잔에 어둔 웅기 얼굴 밝고
처마 밑에 앉아 고구마순 껍질 벗기는 손이
심하게 떨리면서도 나보다 재다

뙤약볕에 종일토록
뒤뚱거리며 우리집 앞 맴돌다
형수는 착해서 시어머니한테 귀염받겠다며
칭찬이 침과 함께 넘치는데
초점 잃은 눈알이 붉다

겉절이 버무려 한 사발 주고 싶다 하니

동네사람들 말 많아 절대 안 먹겠다며
침을 먼저 꿀꺽 삼킨다

명월리 응기 4
―설날

응기가 떠난 명월리
설날도 쓸쓸하다
밖에는 한없이 눈이 내리고
대문 밖을 지나치는 사람들
눈여겨보지만
금방이라도 대문 열고
형수하고 웃을 것만 같은데
응기가 없는 고향은
마음부터 불편하다
떡국을 끓이면서
김칫독을 여닫으며
행려자가 되어 춘천 어딘가로 갔다는
응기를 생각한다
응기가 없는 명월리엔
웅크린 노인들만 드물게 보인다

명월리 응기5

명월리에 갔더니
늘 있던 응기가 없다
시부모께 인사하고 동네를 서성대도
응기가 간 데 없다

장독대에 된장을 푸러 가다가
채마밭에 쪽파 뽑으러 가다가
이리 저리 둘러봐도
응기가 좀처럼 나타나질 않는다

춘천 어딘가 요양원으로 보내졌다가
용케도 명월리를 찾아 왔는데
큰형님네 작은 방에 갇혀 지내다가도
탈출하듯 명월리로 다시 돌아왔다는데
사흘이 지나도록 응기가 없다

응기가 없는 명월리
독감을 앓고 있는 노인들
기침소리만 요란하다
보름인데도 응기 없는 명월리는

달이 오르지 않는다

신명 잃고 되돌아오는 언덕길에서
나는 심한 멀미를 했다

■발문

화장끼 없는 청명한 詩

정세훈 시인

1

필자가 조혜영 시인을 처음 알게 된 것은 지난 1996년 겨울이었다. 인천노동자문학회에서 발간하는 문집 『길 위의 길』 14권에 실린 그이의 「사탕을 좋아하는 아이」라는 제목의 시를 통해서였다.

"가장 안타까운 때는/엄마, 졸려서 못 일어나겠어요/가장 조바심 날 때는/오늘이 일요일이야?/가장 짜증스러울 때는/이빨은 안 닦고 얼굴만 닦으면 안돼?/가장 곤란할 때는/사탕도 싫어!"

이른 아침 출근을 앞둔 젊은 엄마와 어린아이의 실랑이를 그린 시다. 이른 새벽 깊이 잠든 어린아이를 억지로 깨우는 것에서부터, 잠시라도 엄마와 헤어지기 싫은 어린아이를 떼어놓고 출근길을 나서야만 하는 현실을 가감 없이 묘사한 이 시에서 우린 가장 원초적인 사랑을 발견한다.

로션이나 혹은 스킨마저 허락하지 않는, 화장끼 하나 찾아볼 수 없는 「출근길1」이라는 부제를 붙인 이 시를 통해 그이가 매우 깔끔한 정과 사랑을 소유한 시인일 거라 생각했다. 깔끔한 정과 사랑이란 무엇인가? 베풀되 결코 지저분하지 않은 것이다. 굳이 생색내지 않아도 받는 당사자나 지켜보는 주변인이 즉각 가슴 깊이 느낄 수 있는 그러한 정과 사랑을 베푸는 시인일 거라 생각했다.

조혜영과 처음 얼굴을 마주한 것은 그 이후 세월이 좀 흐른 1999년 여름이었다. 인천작가회의의 어느 모임 이후 갖게 된 뒤풀이 자리에서였다. 그 자리에서 몸이 병약하여 건강하지 못한 동료에 대한 애틋하면서도 절실한 그이의 남다른 배려를 목도하면서 그이에 대한 내 생각이 어긋나지 않았음을 확인할 수 있었다.

원고 마감 일자를 확인하기 위해 걸었던 초저녁 휴대폰 통화에서 강화도 교동으로 다시 들어갔다고 했다. 인천이 집인 시인은 2년 전 강화도의 서북쪽 교동도라는 섬의 작은 시골학교에서 아이들 밥 짓는 급식 일을 하고 있다. 방학이 끝나 교동도로 다시 들어간 것이다. 조 혜영은 그곳에서 여전히 깔끔한 정과 사랑이 깃든 따뜻한 밥을 지어 낼 것이다. 그렇게 시를 지을 것이다.

> 할머니와 화평동 냉면골목
> 뒤편 교회 밑에 사는 대기는
> 수시로 급식실을 드나듭니다
> 물이 먹고 싶다며

하루에도 몇 차례씩 급식실을
두리번거립니다
물이 먹고 싶다며

할머니가 앓아누우셨는지
물을 마시고 힘없이 돌아서는
대기한테서 오늘은
밴댕이 젓갈 냄새가 납니다

—「2학년 민대기」 전문

  화장끼 없는 시인의 맨얼굴에 화장품이 필요없듯, 명징하여 잡다한 해설이 필요없는 이 작품을 읽으면서 왜 이 세상에 시를 짓는 이들이 반드시 존재해야만 하는지를 자각하게 된다. 또한 시인의 시선은 어떻게 두어야만 올바로 두는 것인지를 깨닫게 된다.

  시인이 세상일을 잊고 편하게 사는 일을 음풍농월(吟風弄月)이라 한다. 풍월을 읊는다는 의미다. 세상사를 모두 잊고 한가롭고 평안하게 바람이나 달을 읊조리는 시인의 입장을 표현하는 말이다. 음풍농월과 비슷한 담기설주(譚碁說酒)라는 말도 있다. 바둑이나 장기 두는 이야기, 술 마시고 떠드는 일을 시로 읊는 것을 말하는 것이다. 이에 대해 다산 정약용은 "시를 짓지 않으려면 모르려니와 시를 짓는다면서 음풍농월, 담기설주에 불과한 시작(詩作)을 해서는 안 된다"

고 단호히 말했다. 시를 지을 때는 반드시 인간의 삶과 역사적 사실들을 인용하라고 강조했다. 인간의 삶의 변천사가 시에 꼭 담겨 있어야 한다는 지적이다. 따라서 인간의 삶, 세상의 흐름, 역사의 추이 등 많은 냄새와 흔적이 배제된 시는 절대로 훌륭한 시가 될 수 없다는 것이다.

「2학년 민대기」에서 시인은 노쇠하고 병약한 할머니와 단 둘이 살고 있는 소년 가장인 대기가 지금 절실하게 찾고 있는 것이 무엇인지를 "물을 마시고 힘없이 돌아서는" 모습을 통해 적시하고 있다. 시선을 올바로 두고 있는 것이다.

시인은 배고픈 배를 움켜쥐고 밥을 찾아 "수시로 급식 실을 드나"드는 대기에게 밥을 주었을 것이나 정작 시에서는 절제하여 표현하지 않고 있다. 시의 내용이 안타깝고 슬프고 눈물겹지만, 시가 한없이 청명하고 맑은 것은 이 때문이다. 시선을 따뜻하게 베풀되 생색내지 않는 것이 올바른 시인의 자세이며 시의 덕목이라는 것을 여실히 보여주고 있다.

2

미래학자 허만칸은 지난 1972년 한국을 방문한 자리에서 한국의 노동력에 대해 "금쪽과 같다"고 평가했다. 아울러 "이 노동력으로 한국은 향후 20년 후 아시아의 부강국이 될 것이다"라고 예측했다.

지금 우리는 지나치게 희망적인 것으로 여겨졌던 그의 예언이 상당 부분 들어맞았다는 것을 보고 놀란다. 그리고 그것을 가능케 한 요소로 우리가 가지고 있는 거의 '유일한' 자원인 노동력에 대해 생각해 보지 않을 수 없다. 특히 그 금쪽같은 노동력을 분출해 내는 노동자에 대해 생각해 보지 않을 수 없다.

이 나라를 부강국으로 만들어 내는 데 견인차 역할을 해온 노동자들, 그러나 그들의 삶은 여전히 온전치 못하다.

> 새벽 4시에 출근하는 남편
> 10년 넘도록 밥상 한 번 차려주지 못했어
> 정신없이 출근했다 퇴근해 집에 오면
> 야근하고 새벽 퇴근한 남편이
> 이불 개고 청소하고 밀린 빨래도 하고
> 더러는 저녁밥상까지 차려주지
> 모처럼 온 식구가 밥을 먹는 날
> 사랑 받으려면 마무리를 잘해야 한다며
> 설거지까지 하는 남편에게
> 나는 맞벌이하는 여자들의 시시콜콜한 불평이나
> 정신없이 늘어놓다가
> 이불 속에서 별을 따는
> 우리는 정신없는 맞벌이

철도의 변형근로가 우리한테는 안성맞춤이야
식당일이 노가다인데 밥하는 일 정말 지겹겠다
노조 일에 며칠 얼굴 보기 힘들다고
요리 조리 쳐다보고 자꾸 쓰다듬고
파업하면 집안일에 신경 못 쓸 거라며
문풍지도 붙이고 보일러도 점검하고
그래서 나는 국수도 말고 요리도 해서
오랜만에 늦은 밤까지 술 한 잔 했는데
철도가 파업해 승리하면 내 손에 장을 지지겠다고
하려면 확실하게 하라고 큰소리치기는 쳤는데
남편의 코 고는 소리가 심상치 않다

새해에는 시댁에 맡긴 작은 아들도 데려와야 하고
시아버지 칠순엔 금강산 관광 보내드린다고 했었지
부모님 약값은 해마다 하나씩 더 늘고
전세계약은 끝나가고
큰 녀석 생각하면 이제 적금도 하나 들어야 할텐데
노조 일 반대하지 않아 고맙다며
해고되어도 이해할 수 있겠냐는 남편 말에
까짓 것 내가 벌어먹고 살면 되지 그러긴 했는데
일찍 잠든 남편 곁을 나와
술 몇 잔 더 마셔도
취하지 않고

―「변형근로 변형부부」 전문

시가 갖고 있는 가장 큰 미덕과 힘은 '공감'과 '감동'이다. 시인의 삶을 적나라하게 보여주고 있는 이 시에 우리가 크게 공감하는 것은 이 땅의 노동자들의 삶이 올바로 서 있지 못하고 '변형' 되어 있다는 데 있다. 노동자의 삶은 바로 '노동' 인데 그 노동이 '변형' 되어 있으며, 따라서 '변형된 부부' 로 살 수 밖에 없다는 것이 참으로 암울한 현실인 것이다.

'변형된 부부' 가 이 땅에서 살아갈 수 있는 원천은 노동의 대가로 얻어진 물질이 아니라 상대방의 아픔을 쓰다듬어주고 안아주는 부부애다. 출근하고 퇴근하는 시간이 서로 엇갈려 남편에게 결혼한 지 "10년 넘도록／밥상 한 번 차려주지 못했"지만, "야근하고 새벽 퇴근한 남편"은 오히려 "이불 개고 청소 하고 밀린 빨래도 하고／더러는 저녁밥상까지 차려"준다.

그 뿐만이 아니다. 맞벌이 하고 있는 아내를 긍휼히 여겨 "식당 일이 노가다인데 밥하는 일 정말 지겹겠다／노조 일에 며칠 얼굴 보기 힘들다고／요리 조리 쳐다보고 자꾸 쓰다듬고／파업하면 집안일에 신경 못 쓸 거라며／문풍지도 붙이고 보일러도 점검"해 준다.

이러한 부부애로 어쩌다 "국수도 말고 요리도 해서／오랜만에 늦은 밤까지 술 한 잔 했는데", "철도가 파업해 승리하면 내 손에 장을 지지겠다고／하려면 확실하게 하라고 큰소리치기는 쳤는데／남편의 코고는 소리가 심상치 않은" 팍팍한 노동 현실은 그 짧고 작은 행복마저 허락하지 않는다.

  그러나, 변형된 부부는 이에 굴복하지 않고 잘못된 현실을 바로잡는 길잡이가 되길 마다하지 않는다. "노조 일 반대하지 않아 고맙다며／해고되어도 이해할 수 있겠냐는 남편 말에／까짓 것 내가 벌어먹고 살면 되지"라며 '올바른 부부'의 길로 꼿꼿이 나선다. 이쯤 되면 어찌 우리가 시「변형근로 변형부부」 앞에서 '공감'과 '감동'을 하지 않을 수가 있겠는가.

> 3일간의 파업을 끝내고 돌아온
> 남편의 파업배낭을 푼다
> 침낭에 붙어있는 누런 잔디와 검부적들 사이로
> 숨 가빴을 새벽의 찬 공기와
> 헬기에서 뿌린 철도청장의 삐라가 들어 있다
>
> 가쁜 숨 몰아쉬며
> 허공을 내젓는 남편의 손짓은
> 꿈속에서도 그놈의 구호를 외치나 보다
> 시민의 발을 묶어놓고 밥그릇 싸움한다며
> 배부른 놈들이 더한다고
> 실업자는 열 받아 못살겠다는
> 어떤 시민의 묶인 발을 생각하며
> 나는 파업배낭을 푼다

직권조인, 파업철회, 현장복귀명령
울분을 뒤로하고 철수하는 대열을 따라
심하게 흔들렸을 파업배낭
52년 어용 철도노조 사상 첫 총파업을 수행했다는
승리감 하나로 현장에 복귀하던 날
스스로 무거운 짐이 되었을 파업배낭
그 짐을 하나 하나 풀며
위원장이 흘리던 눈물을 잠시 떠올린다

여차하면 다시 배낭을 꾸려야 한다며
철도는 이제 시작이라던 남편 말이 사실이 아니더라도
아무래도 민영화 철회를 위해선
파업배낭을 너무 일찍 풀었구나. 내가

이제 시작이라는데 시민의 발을 다시 묶어서
그 묶인 발들의 쇠밧줄을 풀어줄
그날을 다시 기다리는
지금은 야윈 파업배낭

―「배낭」 전문

  철도노조가 파업을 했다. 마구잡이식으로 국영기업과 공익성 있는 기업을 '민영화' 한다는 미명 아래 민간과 해외에 팔아 국민들에게 고통을 안겨주는 권력과 해외매판자본에 대항하기위한 파업이다. 하지만 그 파업으로 인해 시민들의 발이 묶였다. 이를 권력과 자본은 교묘하게 이용, 언론과 여론을 통해 '민영화 철회'라는 파업의 근본 취지를 탄압한다. 파업은 결국 그 탄압에 굴복했다.

시인은 철도노조가 파업의 근본 취지인 민영화 철회 싸움에서 지면 국민들은 영원히 쇠밧줄에 묶일 수밖에 없고, 그래서 쇠밧줄을 풀어줄 파업은 계속되어야 하며 승리해야 한다는 생각에 이른다. 따라서 파업철회를 하고 귀가한 남편의 "파업배낭을 너무 일찍 풀"은 것을 반성한다. 그리고 비록 힘의 강자인 권력과 자본의 여론몰이 농간으로 파업의 뜻을 이루지 못하고 패배한 "지금은 야윈 파업배낭"이 되었지만, "여차하면 다시 꾸려" 권력과 자본으로 인해 꽁꽁 묶인 시민들의 "그 묶인 발들의 쇠밧줄을 풀어줄/그 날을 다시 기다리는" 배낭이 되어줄 것이라고 굳게 믿고 있다.

이 시에서 시인은 공공기업과 교원, 공무원 등의 공공 사업체 노조의 파업이 여론에 얼마나 취약한지를 고민하고 있으며, 강한 힘으로 언론과 여론을 교묘하게 이용하여 파업의 근본 취지를 탄압하는 권력과 자본을 질책하고 있는 것이다.

3

조혜영 시인은 노동자의 신분이다. 그러나 필자는

굳이 그이를 노동자 시인이라고 부르고 싶지 않다. 노동자 신분이기 때문에 '시인' 앞에 '노동자'를 붙이는 것을 개인적으로 싫어하지만(필자의 경우 시인으로 불러주기보다 그냥 노동자라고 불러주길 원한다), 그 무엇보다도 문단의 일각이나 일부 독자들이 노동자 출신 시인이라면 우선 '투쟁'과 '구호'에 젖은 선동자로만 잘못 인식하고 있는 현실이 마땅치 않기 때문이다.

또한 노동문학을 문학의 곁가지로 폄하하여 인식하고 있는 것도 불만이다. 노동문학이야말로 참여, 순수, 대중 등 모든 문학의 진정한 어머니인데도 말이다.

그러한 견지에서 이제 우리는(노동자 신분의 문인, 노동자 출신의 문인, 노동 문제를 고민하는 문인 등) 부조리한 사회에 대해 고민하듯, 부조리한 노동 현장에 대해 고민하지 않을 수 없다.

하지만 불행하게도 현재 한국 노동 현장은 계급화되어 있다. 빈부로 계급화 되어 있는 자본주의 속성을 그대로 닮아있다는 점에서 매우 우울하다. 대기업에서 종사하는 노동자와 중소기업에서 종사하는 노동자, 계약직 일용직노동자, 그리고 실직노동자로 계급화 되어 있다. 이들 집단은 각기 산업체의 규모에 따라 보호법 적용에서부터 임금에 이르기까지 철저히 계급화 되어 있다. 상류층 노동자 집단과 중류층 노동자 집단 그리고 하류층 노동자로 철저히 계급화 되어 있다.

안타깝다. 배부른 상류층 대기업 노동자집단은 자신들만을 위해 투쟁한다. 집단마저 이룰 수 없는 배고픈 하류층 노동자들을 위해 헌신하지 않는다. 당연히 자신들보다 더 소외된 이들을 위해 희생해야 함에도 그렇지 못하고, 자신들만의 배를 더 채우기 위해 혈안이 되어 투쟁한다. 어찌 보면 자본보다 더 악독하고 정의롭지 못하다. 시인은 이러한 현실을 직시해야하며, 결코 좌시하면 안 될 것이다.

유사 이래 문학, 특히 시는 부조리함과 그것을 조장하는 세력들과 맞서 왔다. 이제 시는 모든 부조리함에 맞서왔듯 부조리한 노동자 세력에 대해서도 침묵하지 말고 입을 열어 맞서야 할 것이다.

그러한 의미에서 시 「키질」을 주목하지 않을 수 없다. 음미해 보자.

늦가을 콩밭에서
어머니 거둬들인 콩나락
키질을 하는데
킬킬킬
흰콩이 볶아대듯 달아난다

성한 놈은 성한 놈끼리
깨진 놈은 깨진 놈끼리

못난 놈은 못난 놈끼리
혼돈 속에서 한데 뭉치다
알맹이는 키 안에서 웅크리고

무지랭이 앞 다투어 경계를 넘는다

—「키질」 전문

삶의 시선 014

검지에 핀 꽃

초판발행 | 2005년 1월 5일

지은이 | 조혜영
펴낸곳 | 도서출판 삶이 보이는 창
등록번호 | 제18-48호
등록일자 | 1997년 12월 26일
배본 | 한국출판협동조합 02) 716-5619

(152-872) 서울시 구로구 구로4동 734-15(4층)
전화 | 02) 868-3097   팩스 | 02) 868-4578
홈페이지 | www.samchang.or.kr
E-mail | samchang@samchang.or.kr

값 5,000원

ISBN 89-90492-16-5 03810
이 책은 문예진흥기금을 일부 지원받아서 펴냈습니다.